Theme Great Man

이황 # 퇴계 # 성리학 # 소수서원 # 도산서원

글쓴이 김광채
아동문학가로, 한국아동문학회 전남지회장을 지냈습니다. 한국아동문학 작가상, 통일문학상 등을 받았습니다. 작품으로는 〈일등 바위 소년〉, 〈지구는 안녕인가요〉, 〈할아버지의 선물〉, 〈이상한 나라〉 등이 있습니다.

그린이 허주연
성신여자대학교 미술대학 동양화과를 졸업하고, 2003년 동문그룹전 '움'에 참여했습니다. 작품으로는 〈은혜 갚은 까치〉, 〈황금을 강물에 던진 형제〉, 〈최치원〉, 〈원광 법사를 도운 흑여우〉, 〈욕심 많은 쿠베라〉 등이 있습니다.

펴낸이 김준석 **펴낸곳** 교연미디어 **편집 책임** 이영규 **리라이팅** 이주혜 **디자인** 이유나 **출판등록** 제2022-000080호 **발행일** 2023년 2월 15일
주소 서울시 관악구 법원단지 16길 18 B동 304호(신림동) **전화** 010-2002-1570 **팩스** 050-4079-1570 **이메일** gyoyeonmedia@naver.com

*이 책에 실린 글과 그림의 무단 복제 및 전재를 금합니다.

【학문의 기초와 발전을 이끈 위인들】

이 황
-성리학 이야기-

김광채 글 | 허주연 그림

대한민국

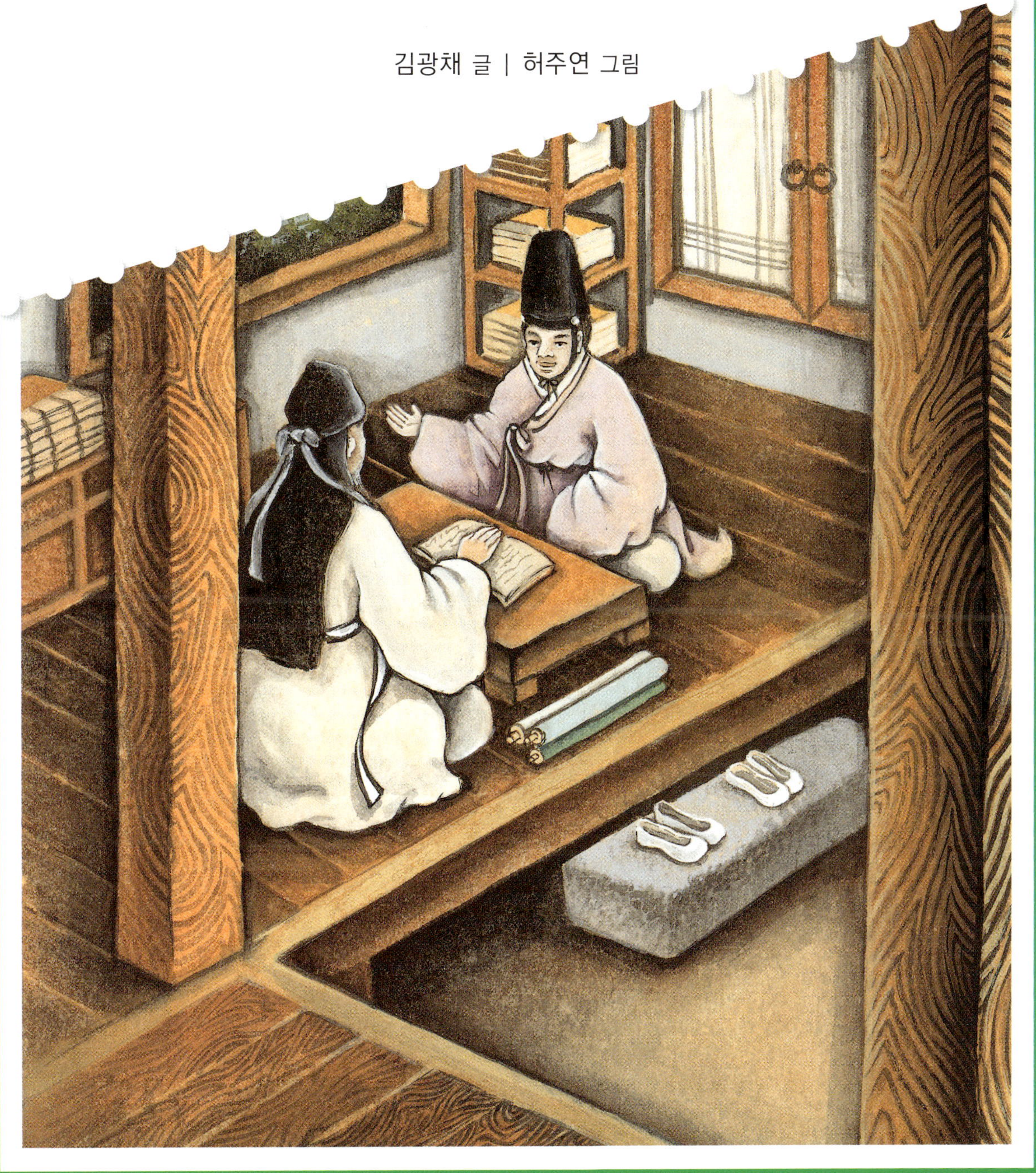

"하늘 천, 땅 지, 검을 현, 누를 황······."
어린 이황의 목소리가
*서당 안에서부터 울려 퍼졌어요.
이황은 허리를 꼿꼿이 펴고 바른 자세로 앉아
*또랑또랑한 목소리로 천자문을 외웠어요.
이황은 나이보다 똑똑하고 의젓했어요.
또한 하루도 게으름을 피우지 않고
꼬박꼬박 서당에 나갔답니다.

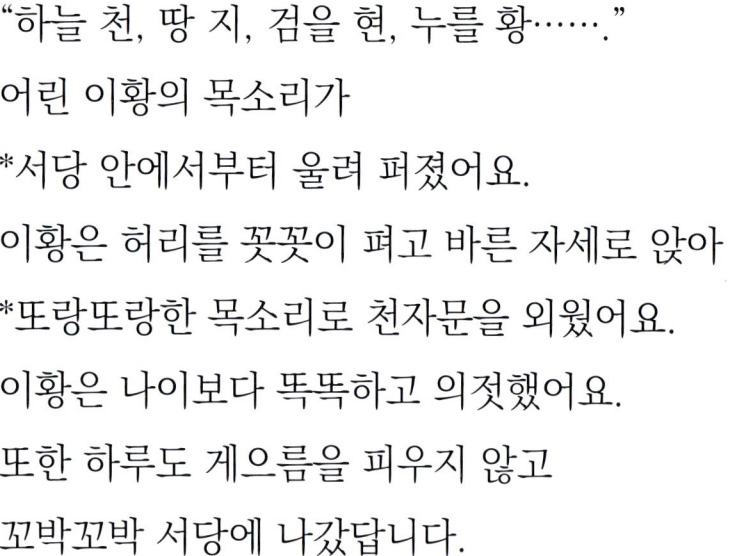

*서당은 조선 후기 초등교육을 담당하던 기관이에요.
*또랑또랑하다는 아주 똑똑하고 분명하다는 뜻이에요.

"엉엉엉!"
어느 날, 마당에서 이황의 울음소리가 들려왔어요.
"아니, 무슨 일이냐?"
놀란 어머니가 달려나와 보니 이황이 형의 다친 손을
잡은 채 눈물을 뚝뚝 흘리고 있었어요.
"다친 건 형인데, 왜 네가 울고 있느냐?"
"형님이 아플 걸 생각하니 제 마음도 너무 아파요."
"얘야, 넌 정말 따뜻한 마음을 가졌구나."
어머니는 미소를 지으며 이황을 꼬옥 안아 주었답니다.

갓난아기 때 아버지를 잃은 이황은,
작은아버지를 아버지처럼 생각하고 따랐어요.
작은아버지가 병으로 세상을 떠나자,
무덤 옆에 *초막을 짓고,
3년 동안 그 곁을 지켰답니다.

*초막은 짚이나 풀 따위로 지붕을 만들어 조그맣게 지은 집이에요.

이황은 *성품이 곧고 바른 사람이었어요.
어느 해, 과거 시험을 보러 가던 이황은
점심식사 시간이 가까워지자
잠시 쉬었다가 가기로 했어요.
"나리, 조금만 기다리십시오.
곧 밥을 지어서 가져오겠습니다."
하인은 서둘러 밥을 짓기 시작했어요.

*성품은 사람의 성질과 됨됨이를 뜻해요.

잠시 후, 하인은 따끈따끈한 밥을 가지고 왔어요.
하얀 쌀밥 위에는 콩이 콕콕 박혀 있었어요.
"이 콩은 어디에서 난 것이냐?"
"저 길가의 콩밭에서 땄습니다."
"아니, 어찌하여 남의 것에 함부로 손을 대었느냐!
당장 주인을 찾아 사과하고 오너라."
이처럼 이황은 비록 작은 일이라도
옳지 않은 것은 그냥 넘기지 않았답니다.

*성균관에 들어가 공부할 때도
이황의 생활은 흔들리지 않았어요.
"여보게. 공부도 좀 쉬엄쉬엄 하게."
"맞아. 우리랑 함께 나가서 좀 놀다 오세."
하루 종일 꼼짝 않고 책만 읽는 이황에게
친구들이 답답하다는 듯 권했어요.
"아닐세. 난 책을 보고 있는 시간이
가장 행복하다네."
이황은 빙그레 웃으며 대답했답니다.

성균관의 명륜당
성균관은 조선 시대, 인재를 기르기 위해 설치한 교육 기관으로,
지금의 국립대학과 같은 역할을 하였어요.

과거에 급제한 이황은 관리가 되어
나라를 위해 열심히 일했어요.
그러던 어느 날, 이황의 어머니가 돌아가셨어요.
"어머니, 흑흑흑……."
이후 이황은 한양에서 생활하는 것이 싫어졌어요.
"그래, 벼슬을 내려놓고 고향으로 돌아가자."
이황은 자연을 *벗 삼아 학문을 익히며 살고자 하였어요.
이 무렵, 이황은 '퇴계(退溪)'라는 호를 지었답니다.

*벗은 마음이 서로 통하여 가깝게 사귀는 사람으로, 여기에서는 친구와 같은 뜻으로 쓰였어요.

하지만 임금님은 재주 많고 충성스러운 신하인
이황을 놓아 주지 않았어요.
결국 이황은 단양군수를 거쳐 풍기군수로 일하게 되었지요.

한편, 교육에 관심이 많았던 이황은
*서원을 발전시키기 위해 임금님에게 청을 올렸어요.
"전하, 나라를 위해서는 인재를 기르는 것이 중요합니다.
학생들을 교육하는 서원을 지원해 주십시오."
임금님은 이황의 청을 받아들여 백운동서원에
'소수서원'이라는 이름을 내려주었답니다.

소수서원의 지도문
서원은 조선 시대, 지방의 교육 기관으로, 왕이 직접
이름을 지어 주는 서원을 '사액서원'이라고 했어요.

얼마 후, 이황은 다시 고향으로 내려왔어요.
"이제부터는 학문을 연구하고
제자를 기르는 일에 전념할 거야."
이황은 *도산서당을 지어 독서를 하거나
글을 쓰고 제자들을 가르치면서 살았어요.
학자들은 이황을 만나기 위해 도산서당을 종종 찾아왔지요.
영의정을 지냈던 권철도 도산서당을 찾았어요.
"어서 오십시오."
이황은 기쁜 마음으로 권철을 맞이했어요.

경북 안동의 도산서당
도산서당은 퇴계 이황이 제자들을 가르치던 곳이에요.

잠시 후, 하인이 밥상을 들고 들어왔어요.
'아니, 이럴 수가!'
밥상을 본 권철은 깜짝 놀랐어요.
보리밥에 콩나물국 등으로 차려진 *단출한 밥상이었기 때문이에요.
이튿날도 마찬가지였지요.
권철은 아쉽지만 그만 집으로 돌아가기로 하였어요.
"일부러 찾아 주셨는데 *대접을 해 드리지 못해 죄송합니다.
그러나 대감께 드린 식사는 백성들의 것에 비하면 *성찬이었습니다.
정치의 근본은 여민동락(與民同樂),
즉 백성과 더불어 즐겨야 하는 것입니다."
이에 깨달음을 얻은 권철은 부끄러운 듯 얼굴을 붉혔답니다.

*단출하다는 적다는 의미예요.
*여기서 대접은 지위에 걸맞게 대한다는 의미로 쓰였어요.
*성찬은 푸짐하게 잘 차린 음식이에요.

율곡 이이도 이황을 찾아온 적이 있었대요.
"먼길을 오느라고 애쓰셨습니다."
"만나뵙게 되어 영광입니다."
두 사람은 비록 나이가 서른다섯 살이나 차이 나고,
함께 있었던 날도 사흘밖에 되지 않았지만
서로의 학문과 인격을 알아보는 데는 어려움이 없었어요.
이후 이황과 이이는 편지를 주고받으며
조선 *성리학의 발전을 이끌었답니다.

*조선은 공자가 만든 사상인 유교(유학)를 국가 통치의 근본 원리로 삼았어요.
 성리학은 이와 관련된 학문으로, 이황과 이이는 조선의 대표적인 성리학자로 꼽힌답니다.

죽기 전, 이황은 임금님에게
*〈성학십도〉를 바쳤어요.
군왕의 *도(道)에 관해 설명하고 있는
이 글에는 임금님이 백성을 잘 돌보는
*성군이 되기를 바라는 이황의 마음이
담겨 있었어요.
이후 이황은 매화분에 물을 주게 하고,
침상을 정돈시킨 후,
단정한 자세로 세상을 떠났답니다.

*도(道)란 마땅히 지켜야 할 이치를 말해요.
*성군은 어질고 뛰어난 임금이에요.

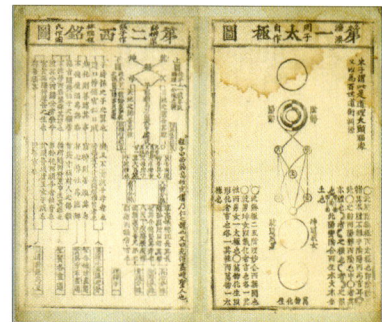

이황의 〈성학십도〉
〈성학십도〉는 이황이 선조가 성군이 되기를 바라는 뜻에서 바친 것으로,
군왕의 도(道)에 관한 학문을 그림 등 도식으로 알기 쉽게 설명하였답니다.

이황

따라잡기

1501년	경상도 예안현 온계리(현재 경북 안동시 도산면 온혜리)에서 태어났어요.
1512년	작은아버지로부터 《논어》를 배웠어요.
	이후 《주역》 등 성리학에 몰두했어요.
1534년	문과에 급제하여 관직에 나아갔어요.
1548년	단양군수가 되었다가 곧 풍기군수로 옮겨 갔어요.
1550년	왕에게 청하여 주세붕이 세운 백운동서원을 조선 최초의 사액서원으로 만들었어요. 이것이 바로 소수서원이에요.
1553년	성균관 대사성으로 임명되었어요.
1556년	예안향약을 만들었어요.
1561년	경북 안동에 도산서당을 지어 독서와 저술에 전념하는 한편, 많은 제자를 길러냈어요.
1568년	왕이 나아길 길에 대해 적은 〈성학십도〉를 지어 선조에게 바쳤어요.
1569년	병에 걸려 고향으로 돌아갔어요.
1570년	세상을 떠났어요.

이황
연관검색

조선을 이끈 학문, 성리학

우리나라 성리학의 시조라 불리는 안향의 초상

1392년, 조선을 건국한 태조 이성계는 나라를 이끌어 갈 이념으로 성리학을 선택하였어요. 성리학은 윤리와 규범 등을 중요시하는 학문으로, 고려 충렬왕 때 안향이 원나라에서 도입하였답니다.

우리나라 최초의 사액서원, 경북 영주의 소수서원

경북 영주 소수서원의 영정각

서원은 유학 교육을 통해 인재를 길러내는 지방의 교육 기관이에요. 왕이 직접 이름을 지어 주는 사액서원이 되면 노비와 서적, 토지 등의 지원을 받았어요. 백운동서원은 주세붕이 지은 우리나라 최초의 서원으로, 이황에 의해 왕으로부터 '소수서원'이라는 이름을 받아 사액서원이 되었답니다.

퇴계 이황이 남긴 소중한 유적, 도산서원

도산서원

경북 안동에 있는 도산서원은 도산서당과 도산서원으로 구분해 볼 수 있어요. 도산서당은 퇴계 이황이 제자들을 가르치던 곳으로, 학문 연구와 인재 양성을 위해 이황이 직접 설계하여 지었다고 해요. 이황이 죽은 후에 사당 등이 건립되면서 서원이 조성되었지요. 1575년, 선조가 한석봉에게 '도산서원'이라는 편액을 쓰게 하여 내림으로써 사액서원이 되었답니다.

PHOTO ALBUM

퇴계 이황

경북 안동에 있는 퇴계 종택

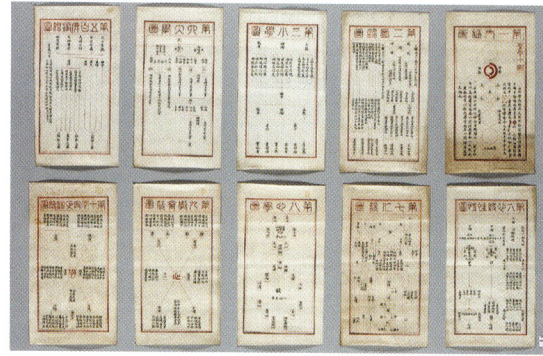

이황이 선조에게 바친 〈성학십도〉

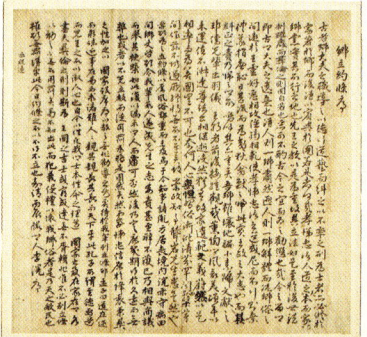

이황이 만든 향약의 서문

이황 사진첩

이황에게 배움을 청한 제자들이 머무르던 도산서원의 농운정사

책을 보관했던 도산서원의 광명실

남산에 있는 이황의 동상

이황의 신주를 모신 도산서원의 상덕사 및 삼문

이황의 묘